FULL SCORE

WSD-19-002
＜吹奏楽メドレー楽譜＞

平成アイドル・ダンス・コレクション

郷間幹男　編曲

楽器編成表		
木管楽器	金管・弦楽器	打楽器・その他
Piccolo	B♭ Trumpet 1	Drums
Flutes 1 (& *2)	B♭ Trumpet 2	Timpani
*Oboe	*B♭ Trumpet 3	Percussion 1
*Bassoon	F Horns 1 (& *2)	…Bass Drum,Tambourine,
*E♭ Clarinet	F Horns 3 (& *4)	Slap Stick
B♭ Clarinet 1	Trombone 1	Percussion 2
B♭ Clarinet 2	Trombone 2	…Cabasa,Triangle,
*B♭ Clarinet 3	*Trombone 3	Wind Chime,Crash Cymbals,
*Alto Clarinet	Euphonium	Siren,Sus.Cymbal
Bass Clarinet	Tuba	Percussion 3
Alto Saxophone 1	Electric Bass	…Sus.Cymbal,Conga,
*Alto Saxophone 2	(String Bass) ※パート譜のみ	Vibraphone
Tenor Saxophone		Percussion 4
Baritone Saxophone		…Glockenspiel,Chime,
		Xylophone
		Full Score

＊イタリック表記の楽譜はオプション

平成アイドル・ダンス・コレクション

郷間幹男 編曲

平成アイドル・ダンス・コレクション - 2

平成アイドル・ダンス・コレクション - 7

ご注文について

ウィンズスコアの商品は全国の楽器店、ならびに書店にてお求めになれますが、店頭でのご購入が困難な場合、当社PC&モバイルサイト・FAX・電話からのご注文で、直接ご購入が可能です。

◎**当社PCサイトでのご注文方法**

http://www.winds-score.com

上記のURLへアクセスし、WEBショップにてご注文ください。

◎**FAXでのご注文方法**

FAX.03-6809-0594

24時間、ご注文を承ります。当社サイトよりFAXご注文用紙をダウンロードし、印刷、ご記入の上ご送信ください。

◎**電話でのご注文方法**

TEL.0120-713-771

営業時間内にお電話いただければ、電話にてご注文を承ります。

◎**モバイルサイトでのご注文方法**

右のQRコードを読み取ってアクセスいただくか、URLを直接ご入力ください。

※この出版物の全部または一部を権利者に無断で複製(コピー)することは、著作権の侵害にあたり、著作権法により罰せられます。

※造本には十分注意しておりますが、万一落丁乱丁などの不良品がありましたらお取替え致します。また、ご意見ご感想もホームページより受け付けておりますので、お気軽にお問い合わせください。

Percussion 4
Glockenspiel, Chime, Xylophone

Percussion 4
Glockenspiel, Chime, Xylophone

平成アイドル・ダンス・コレクション

郷間幹男 編曲

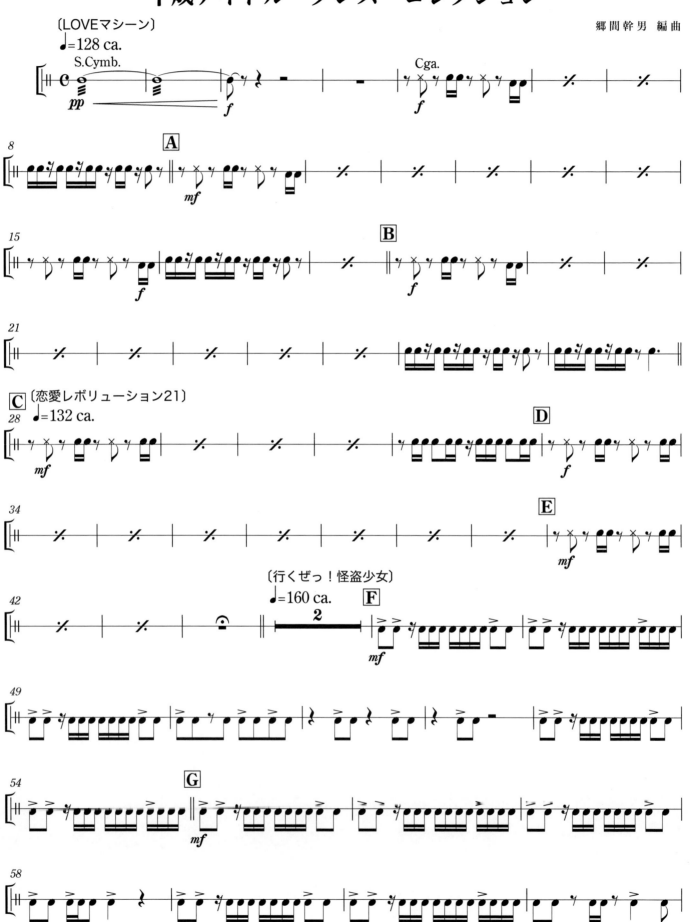

MEMO

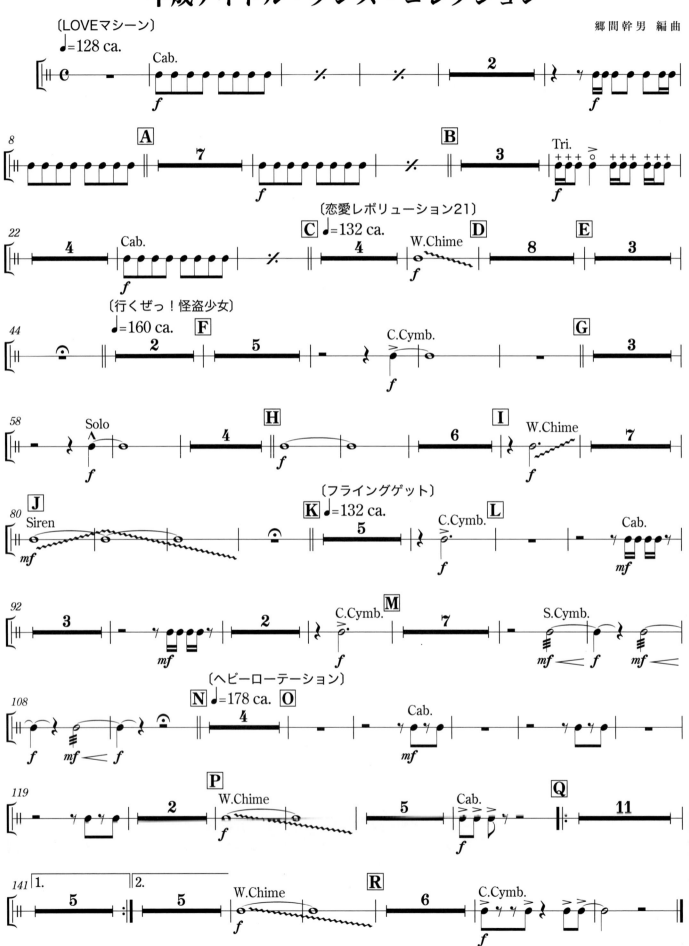

平成アイドル・ダンス・コレクション - 2

Percussion 1
Bass Drum, Tambourine, Slap Stick

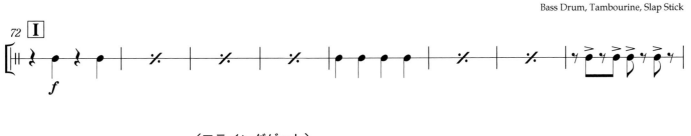

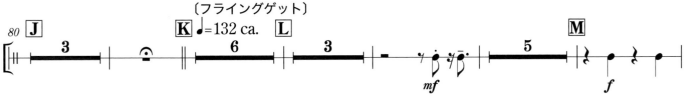

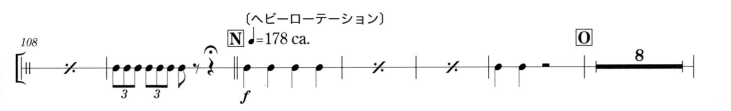

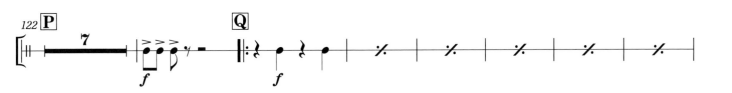

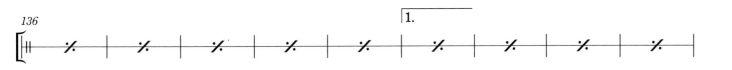

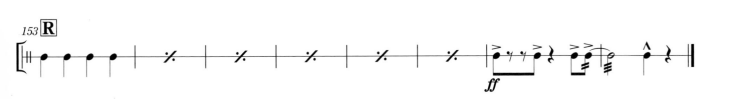

Percussion 1
Bass Drum, Tambourine, Slap Stick

平成アイドル・ダンス・コレクション

郷間幹男 編曲

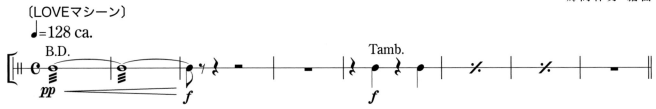
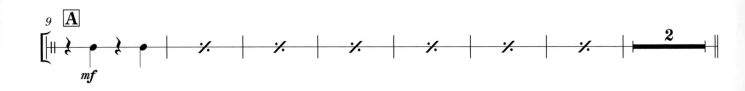
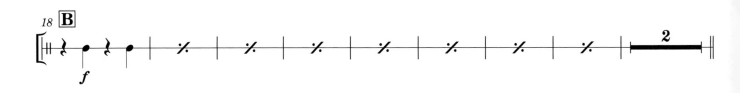
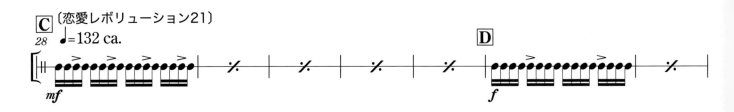
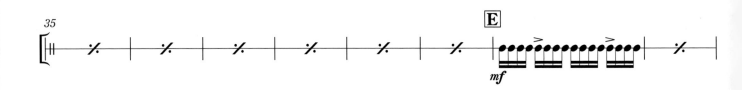
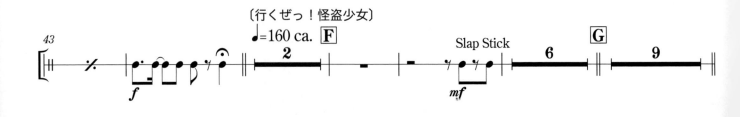
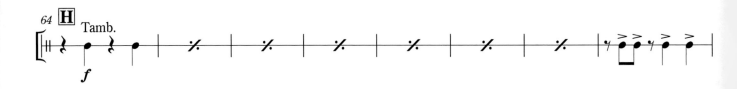

Timpani

平成アイドル・ダンス・コレクション

郷間幹男 編曲

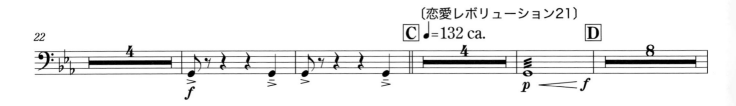

平成アイドル・ダンス・コレクション

Drums

郷間幹男 編曲

Drums

平成アイドル・ダンス・コレクション - 2

String Bass

〔行くぜっ！怪盗少女〕

String Bass

平成アイドル・ダンス・コレクション

郷間幹男 編曲

# Electric Bass

Tuba

平成アイドル・ダンス・コレクション

郷間幹男 編曲

平成アイドル・ダンス・コレクション - 2

Euphonium

平成アイドル・ダンス・コレクション

Euphonium

郷間幹男 編曲

平成アイドル・ダンス・コレクション

郷間幹男 編曲

平成アイドル・ダンス・コレクション - 2

Trombone 2

Trombone 2

Trombone 2

平成アイドル・ダンス・コレクション

郷間幹男 編曲

平成アイドル・ダンス・コレクション

Trombone 1

郷間幹男 編曲

平成アイドル・ダンス・コレクション - 2   B♭ Trumpet 3

B♭ Trumpet 3

平成アイドル・ダンス・コレクション

郷間幹男 編曲

平成アイドル・ダンス・コレクション - 2

Baritone Saxophone

Baritone Saxophone — 平成アイドル・ダンス・コレクション - 3

平成アイドル・ダンス・コレクション

郷間幹男 編曲

Baritone Saxophone

Tenor Saxophone

平成アイドル・ダンス・コレクション

郷間幹男 編曲

Alto Saxophone 2

平成アイドル・ダンス・コレクション

郷間幹男 編曲

Alto Saxophone 1

平成アイドル・ダンス・コレクション

郷間幹男 編曲

Bass Clarinet

Bass Clarinet

平成アイドル・ダンス・コレクション

郷間幹男 編曲

平成アイドル・ダンス・コレクション

Alto Clarinet

郷間幹男 編曲

B♭ Clarinet 3

平成アイドル・ダンス・コレクション

郷間幹男 編曲

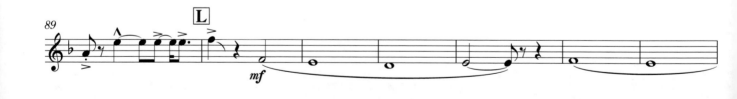

B♭ Clarinet 3

B♭ Clarinet 2

平成アイドル・ダンス・コレクション - 2

〔フライングゲット〕

B♭ Clarinet 2

B♭ Clarinet 1

E♭ Clarinet

平成アイドル・ダンス・コレクション

郷間幹男 編曲

Bassoon

平成アイドル・ダンス・コレクション

郷間幹男 編曲

Flutes 1&2

平成アイドル・ダンス・コレクション

郷間幹男 編曲

平成アイドル・ダンス・コレクション

Piccolo

郷間幹男 編曲